BEI GRIN MACHT SICH IHR WISSEN BEZAHLT

- Wir veröffentlichen Ihre Hausarbeit, Bachelor- und Masterarbeit

- Ihr eigenes eBook und Buch - weltweit in allen wichtigen Shops

- Verdienen Sie an jedem Verkauf

Jetzt bei www.GRIN.com hochladen und kostenlos publizieren

Bibliografische Information der Deutschen Nationalbibliothek:

Die Deutsche Bibliothek verzeichnet diese Publikation in der Deutschen Nationalbibliografie; detaillierte bibliografische Daten sind im Internet über http://dnb.d-nb.de/ abrufbar.

Dieses Werk sowie alle darin enthaltenen einzelnen Beiträge und Abbildungen sind urheberrechtlich geschützt. Jede Verwertung, die nicht ausdrücklich vom Urheberrechtsschutz zugelassen ist, bedarf der vorherigen Zustimmung des Verlages. Das gilt insbesondere für Vervielfältigungen, Bearbeitungen, Übersetzungen, Mikroverfilmungen, Auswertungen durch Datenbanken und für die Einspeicherung und Verarbeitung in elektronische Systeme. Alle Rechte, auch die des auszugsweisen Nachdrucks, der fotomechanischen Wiedergabe (einschließlich Mikrokopie) sowie der Auswertung durch Datenbanken oder ähnliche Einrichtungen, vorbehalten.

Impressum:

Copyright © 2018 GRIN Verlag
Druck und Bindung: Books on Demand GmbH, Norderstedt Germany
ISBN: 9783668851290

Dieses Buch bei GRIN:

https://www.grin.com/document/452871

Martin Maler

Was ist Wissenschaft? Ein einführender Definitions- und Erklärungsversuch

GRIN Verlag

GRIN - Your knowledge has value

Der GRIN Verlag publiziert seit 1998 wissenschaftliche Arbeiten von Studenten, Hochschullehrern und anderen Akademikern als eBook und gedrucktes Buch. Die Verlagswebsite www.grin.com ist die ideale Plattform zur Veröffentlichung von Hausarbeiten, Abschlussarbeiten, wissenschaftlichen Aufsätzen, Dissertationen und Fachbüchern.

Besuchen Sie uns im Internet:

http://www.grin.com/

http://www.facebook.com/grincom

http://www.twitter.com/grin_com

Hausarbeit

Einführung in das wissenschaftliche Arbeiten

Was ist Wissenschaft?

Ein einführender Definitions- und Erklärungsversuch

I. Inhaltsverzeichnis

I. Inhaltsverzeichnis 2

II. Tabellen- und Abbildungsverzeichnis 3

III. Abkürzungsverzeichnis 3

1. Einführung in die Thematik 4

2. Was ist Wissenschaft? 4

   2.1. Erklärungs- und Definitionsversuch von Wissenschaft 4

   2.2. Exkurs: Wissen 5

   2.3. Differenzierung zwischen Wissen aus dem Alltag und der Wissenschaft 6

   2.4. Klassische Gütekriterien der Wissenschaft 9

3. Fazit & Ausblick 11

IV. Literaturverzeichnis 12

II. Tabellen- und Abbildungsverzeichnis

Tabelle 1 – Parallelen zwischen Alltagserkenntnissen und wissenschaftlichen Erkenntnissen Quelle: Eigene Darstellung in Anlehnung an Bardmann 2015, S. 26

Tabelle 2 – Differenzen zwischen Alltagserkenntnissen und wissenschaftlichen Erkenntnissen Quelle: Eigene Darstellung in Anlehnung an Bardmann 2015, S. 26

III. Abkürzungsverzeichnis

d.h.	das heißt
etc.	et cetera
Hrsg.	Herausgeber
o.J.	ohne Jahresangabe
o.S.	ohne Seite
u.a.	unter anderem
u.v.m.	und vieles mehr
vgl.	vergleiche
z.B.	zum Beispiel
evtl.	eventuell

1. Einführung in die Thematik

Nach Schätzing wird in der Schule gelernt, dass das Wissen der Lehrer als absolutes Wissen gilt. Er sagt jedoch, dass Wissen bzw. die Wissenschaft niemals absolut sein kann, denn das Finden von neuem Wissen und neuen Erkenntnissen ist immer ein Prozess der Annäherung und kein einfaches Festlegen. Um am Ende dieses Prozesses ein möglichst klares Bild zu erhalten, kreist man Schritt für Schritt diese neuen Erkenntnisse ein, streicht Variablen und schafft Übergänge zu alten Erkenntnissen und Wissen (vgl. Schätzing 2006, S. 17).

Was meint Schätzing mit dieser Aussage und was bedeutet eigentlich das Wort Wissenschaft? Was unterscheidet eine wissenschaftliche Erkenntnis von Alltagserkenntnissen und sind wissenschaftliche Erkenntnisse ontologisch wahr? Neben diesen Fragen gibt es noch viele weitere, die man sich stellen mag, wenn man über die Definition von Wissenschaft und deren Eigenschaften nachdenkt.

In dieser Hausarbeit möchten wir einigen dieser Fragen nachgehen und versuchen, sie zu erklären, aber angesichts des weiten Feldes wird unsere Betrachtung des Themas oberflächlich bleiben, denn diese Hausarbeit soll nur dazu dienen, einen ersten Einblick in die Thematik der Wissenschaft zu gewinnen.

Im ersten Abschnitt dieser Hausarbeit werden wir uns zuerst den Fragen stellen, welche Bedeutung hinter dem Wort Wissenschaft steht und welcher Definition von dem Wort Wissenschaft wir folgen würden.

Im zweiten Teil dieser Hausarbeit werden wir uns der Frage stellen, ob eine Erkenntnis aus dem Alltag auch als wissenschaftlich bezeichnet werden darf oder ob es einen Unterschied zwischen Alltagserkenntnissen und wissenschaftlichen Erkenntnissen gibt. Und welche Voraussetzungen von Erkenntnissen erfüllt werden müssen, um sie als wissenschaftlich bezeichnen zu dürfen.

Im letzten Abschnitt werden wir beschreiben, welchen klassischen Gütekriterien die Wissenschaft unterliegt und diese zusammenfassen. Abschließend geben wir ein Fazit bzw. einen Ausblick über die Wissenschaft und deren Zukunft.

2. Was ist Wissenschaft?

2.1. Erklärungs- und Definitionsversuch von Wissenschaft

Auf den ersten Blick scheint es klar zu sein, was Wissenschaft bedeutet und welche Definition sich hinter dem Begriff befindet. Doch wenn man sich mit der Definition auseinandersetzt, stellen wir schnell fest, dass es viele verschiedene Auffassungen zu der Definition des Begriffes gibt. Dabei ist der Begriff Wissenschaft an sich nicht umstritten, lediglich die Definition des Begriffes unterscheidet sich, je nach erkenntnis- und wissenschaftstheoretischem Standpunkt (vgl. Schreyer/Schwarzmeier 2000, S. 20).

2.2. Exkurs: Wissen

In dem Wort Wissenschaft ist das Wort „Wissen" enthalten. Was bedeutet eigentlich das Wort Wissen und woher wissen wir, dass wir etwas wissen?

Nach dem deutschen Philosoph und Wissenschaftler Helmut Seiffert muss man zwischen zwei Arten des „Wissens" unterscheiden. Er unterscheidet zwischen dem „wirklichen Wissen" (episteme (griech.)) und der Meinung bzw. dem Glauben von Wissen (doxa (griech.)) (vgl. Seiffert/Radnitzky 1989, S. 387).

Das „wirkliche Wissen" (episteme) beschreibt er als das Wissen, das zu rechtfertigen, zu begründen und zu demonstrieren ist (vgl. Seiffert/Radnitzky 1989, S. 387).

Die zweite Art des Wissens beschreibt er als subjektives Wissen. Also eine Art des Glaubens bzw. des Sich-sicher-Sein, wie beispielsweise in der Religion (vgl. Detel 2007, S. 48/49).

Wenn es also eine doxastische Erkenntnis gibt, für die man eine geeignete Methode findet und diese Erkenntnis zu rechtfertigen und zu beweisen ist, kann sich diese Erkenntnis in „wirkliches Wissen" (episteme) wandeln.

Die Gegenseite dieser Aussage stellt eine Gruppe von Skeptikern dar, die glauben, dass man nichts wirklich wissen kann. Ihre Haltung geht teilweise so weit, dass einige von ihnen sogar behaupten, dass man sich nicht einmal der Aussage „man kann nichts wirklich wissen" sicher sein kann (vgl. Seiffert/Radnitzky 1989, S. 387f.).

Was können wir also unter dem Begriff Wissenschaft verstehen, bzw. welcher Definition von Wissenschaft würden wir folgen? „Wissenschaft ist die systematische, methodische, ordnende, erklärende und begründende Untersuchung von allem, was Menschen geistig zugänglich ist, in welcher Form auch immer. Ziel ist Erscheinungen im materiell-natürlichen, geistigen und kulturellen Bereich zu beschreiben und Gesetze, Zusammenhänge etc. aufzudecken. Und Wissenschaft bedeutet auch die Summe dessen, was auf diesen Wegen von den Menschen an Wissen hervorgebracht wurde." (Möller o. J.)

Dies bedeutet, dass hinter dem Begriff Wissenschaft ein geregeltes System zur Erkenntnisgewinnung steht, und des Weiteren beinhaltet der Begriff Wissenschaft nach Patzelt nicht nur das Schaffen von neuen Erkenntnissen, sondern auch die Definition des exakten Weges, wie diese Erkenntnisse gewonnen werden (vgl. Patzelt 1993, S. 50).

Das Ziel der Wissenschaft, „wahre" Aussagen hervorzubringen, wird aber in der Praxis häufig von wissenschaftlichen Untersuchungen verfehlt, selbst wenn sich der forschende Wissenschaftler größte Mühe gibt, alle Grundsätze und Gütekriterien der Wissenschaft einzuhalten. Eine Ursache hierfür ist wohl die Tatsache, dass sich Forscher bei wissenschaftlichen Untersuchungen oft an die Grenze des verfügbaren Wissens begeben was natürlich auch notwendig ist, um neues und unbekanntes „Wissen" zu gewinnen (vgl. Patzelt 1993, S. 53).

Verschiedene wissenschaftliche Standpunkte kommen also zu verschiedenen Definitionen des Begriffes „Wissenschaft". Als sicher gilt aber dennoch, dass die Wissenschaft ein System ist, das auf die Wirklichkeit ausgelegt ist, und mit verschiedenen Mitteln zu generellen Erkenntnissen gelangen will (vgl. Alemann/Forndran 2002, S. 44) und dabei den Weg, wie sie zu diesen Aussagen gelangt, bis in das kleinste Detail beschreibt, um eine Nachvollziehbarkeit für andere Wissenschaftler herzustellen. Dies stellt aber für die forschenden Personen, vor allem auf neuen Forschungsgebieten, immer wieder eine neue Herausforderung dar, und endet nicht selten in einer Erkenntnis, die später revidiert werden muss.

2.3. Differenzierung zwischen Wissen aus dem Alltag und der Wissenschaft

Wir wissen also, dass die Wissenschaft einigen Regeln unterliegt und, dass sich somit eine wissenschaftliche Erkenntnis auch von einer Erkenntnis aus dem Alltag unterscheiden muss. Welche Unterschiede herrschen also zwischen den beiden Erkenntnissen?

„Das wissenschaftliche Wissen ließe sich gegenüber dem Alltagswissen dahingehend unterscheiden, dass es sich nicht auf ungeprüfte, beliebige, intuitiv für richtig empfundene Aussagen verlässt. Es verlässt sich ebenfalls nicht auf die Worte von Weisen, Erleuchteten, Gurus, Propheten oder Herrschern. Beim wissenschaftlichen Wissen wird jede Aussage, egal von wem sie stammt, einer methodisch kontrollierten Überprüfung unterzogen, die je nach wissenschaftlichem Gebiet (Realwissenschaften/Formalwissenschaften (Mathematik und Logik); Naturwissenschaften/Sozialwissenschaften/Philosophie) unterschiedlich ausfällt." (Bardmann 2015, S. 27)

Bardmann beschreibt also, dass kontrollierte Methoden und Vorgehensweisen, die von jedem anderen Wissenschaftler nachvollzogen werden können, die Haupteigenschaften sind, die es erlauben, eine Erkenntnis als wissenschaftlich bezeichnen zu dürfen. Die Vorgehensweise, wie das Wissen gewonnen wird, ist also entscheidend, ob es sich am Ende um wissenschaftliches Wissen handelt und nur, wenn sich an diese vorgeschriebenen Bedingungen der Wissenschaft gehalten wird, können wissenschaftliche Erkenntnisse gewonnen werden.

Wir dürfen Erkenntnisse, die auf diesem Weg gewonnen wurden, allerdings nicht als ontologisch wahr bezeichnen. Denn Erkenntnisse die durch die Wissenschaft gewonnen werden, sind niemals einhundertprozentig bestätigt, sondern immer nur bis zu dem aktuellen Zeitpunkt der Erkenntnis nicht widerlegt. Das bedeutet, es gibt bis zum Zeitpunkt der Erkenntnis keinen Gegenbeweis zu dieser.

Der kritische Rationalismus beschreibt diese Eigenschaft von wissenschaftlichen Erkenntnissen als den Fallibilismus. Nach den kritischen Rationalisten muss eine Erkenntnis falsifizierbar, also durch einen Gegenbeweis widerlegbar sein (vgl. Speck 1980, S. 225).

Das folgende Beispiel soll noch einmal zeigen, dass die beschriebene Erkenntnis in dem Beispiel nicht den wissenschaftlichen Ansprüchen genügen würde.

Nehmen wir an, dass wir einen Freund haben, der alle Fragen, die wir ihm jemals über unsere Zukunft gestellt haben, korrekt beantwortet hat. Daher ist es für uns die Wahrheit, dass unser Freund in die Zukunft schauen kann.

Für uns persönlich würden diese Fakten reichen. Wenn wir wissen wollen, wann es das nächste Mal regnet oder ob der Laptop beim Schreiben dieser Hausarbeit abstürzt und vergessen wurde abzuspeichern, fragen wir einfach unseren Freund. Er wird uns die richtige Antwort vorhersagen, so wie er es immer getan hat.

Aus wissenschaftlicher Sicht reicht dies allerdings nicht aus. Die Wissenschaft ist etwas anspruchsvoller und hat den Anspruch eine zufriedenstellende Sicherheit zu erhalten. Sie würde sich erst einmal die Frage stellen, warum wir der Annahme sind, dass unser Freund immer eine korrekte Antwort gibt. Dabei könnte sie alle Fragen aus der Vergangenheit überprüfen und anschauen ob diese wirklich alle korrekt beantwortet wurden. Sie würde testen ob unser Freund bei allen Fragen, die ihm gestellt werden, richtig antwortet, indem sie ihm einigen Tests unterzieht und ihm Fragen stellt, diese Fragen und Ergebnisse ganz genau dokumentiert und dabei exakt den Weg beschreibt, wie sie vorgegangen ist, damit jeder andere Mensch auch so vorgehen kann, wie sie es getan hat und dadurch auch in der Lage wäre, zu dem gleichen Ergebnis wie sie zu gelangen. Sind diese Tests bzw. Untersuchungen der Wissenschaft alle positiv, kann sie anschließend behaupten, dass es wissenschaftlich wahr ist, dass unser Freund in die Zukunft schauen kann. Dies bedeutet allerdings nicht, dass dies auch ontologisch wahr ist, es bedeutet lediglich, dass es bis jetzt keinen Gegenbeweis gibt, dass die Aussage „unser Freund ist ein Wahrsager" nicht der Wahrheit entspricht.

Um zu einer zufriedenstellenden Sicherheit zu gelangen, fragt die Wissenschaft also nach Wahrheits- bzw. Gültigkeitsbedingungen.

Die nachfolgenden Tabellen stellen die beschriebenen Unterschiede noch einmal gegenüber.

Tabelle 1: Parallelen zwischen Alltagserkenntnissen und wissenschaftlichen Erkenntnissen (Eigene Darstellung in Anlehnung an Bardmann 2015, S. 26)

Gemeinsamkeiten zwischen Alltagswissen und wissenschaftlichem Wissen
Beobachtungen/Erfahrungen dienen als Grundlage des Wissens.
Erfahrungen werden geordnet; neue Erfahrungen werden mit vorhandenen Erfahrungen abgeglichen.
Aus Beobachtungen entstehen Theorien i.S. verallgemeinerbarer Annahmen über die soziale Wirklichkeit.
Wissen wird zur Erklärung von Beobachtungen, zur Vorhersage von Ereignissen und als Handlungsgrundlage verwendet.
Wissen kann wahr oder falsch sein.
Wissen kann mehr oder weniger nützlich sein.

Tabelle 2: Differenzen zwischen Alltagserkenntnissen und wissenschaftlichen Erkenntnissen (Eigene Darstellung in Anlehnung an Bardmann 2015 S. 26)

Unterschiede zwischen Alltagswissen und wissenschaftlichem Wissen	
Alltagswissen	**Wissenschaftliches Wissen**
Persönliche Erfahrung, subjektives Erleben, Intuition, Hören-Sagen und Überlieferung als Erkenntnisgrundlage	Einsatz fachlich legitimierter, in ihrer Zuverlässigkeit, Gültigkeit und Objektivität geprüfter Erkenntnismethoden (z.B. Beobachtung / Befragung / Experiment / Inhaltsanalyse) und Prüfverfahren (z.B. statische Prüfverfahren)
Zufallscharakter von Beobachtungen	Systematische Erforschung eines Gegenstandes
selektive Beobachtung auf der Grundlage eigener Vorerfahrungen / -meinungen / Befindlichkeiten / Wunschvorstellungen / Gruppendruck	objektive, d.h. von der Person des Wissenschaftler unabhängige Erkenntnis
Bedeutungsoffenheit der Begriffe (Umgangssprache)	Präzision aller relevanten Begriffe; Klarheit und Tauglichkeit der Indikatoren für theoretische Begriffe wie z.B. „häusliche Gewalt"
Willkürliche Auswahl der Beobachtungsobjekte (z.B. Menschen in meiner Umgebung)	Reflektierte Auswahl der Beobachtungsobjekte z.B. Zufallsauswahl aus allen Merkmalsträgern einer definierten Grundgesamtheit)

Fortsetzung Tabelle 2: Differenzen zwischen Alltagserkenntnissen und wissenschaftlichen Erkenntnissen (Eigene Darstellung in Anlehnung an Bardmann 2015, S. 26)

Ungeklärte Reichweite persönlicher Theorien	Angabe, was eine Theorie erklärt und was nicht; Beachtung von Regeln für die Repräsentativität (Verallgemeinerbarkeit) von empirischen Befunden
Neigung zur Stabilisierung vorhandenen Wissens	Offenheit gegenüber neuer Erkenntnis; auf wiederholte kritische Überprüfung des Wissens ausgerichtet
Mangelnde Nachprüfbarkeit der gewonnenen Erkenntnisse; Erkenntnisweg bliebt unreflektiert	Anspruch auf intersubjektive Prüfbarkeit von Erkenntnissen und Erkenntniswegen; Dokumentation aller Untersuchungsschritte
Wissen dient der konkreten Situationsbewältigung	Neben praxisverwertbarem Wissen geht es auch um Grundlagenwissen ohne unmittelbaren Handlungsbezug
Unterstellung von gesicherter Erkenntnis	Beschränkung des Wahrheitsanspruchs auf „vorläufig bewährtes Wissen"

2.4. Klassische Gütekriterien der Wissenschaft

Wir wissen also, dass sich eine wissenschaftliche Erkenntnis deutlich von Alltagswissen unterscheidet. Damit dieser Unterschied in der Praxis immer gewährleistet wird, muss sich die Wissenschaft bestimmten Gütekriterien verpflichtet sehen.

Nach Patzelt muss sich die Produktion von wissenschaftlichen Aussagen an bestimmten Regeln orientieren, um den Ansprüchen dieser Definition gerecht zu werden (vgl. Patzelt 1993, S. 49). „Um die Qualität des Weges der wissenschaftlichen Erkenntnisgewinnung durch bestimmte Methoden feststellen zu können, sind generelle Kriterien nötig, die die verschiedenen Aspekte aller Methoden (vor einem bestimmten wissenschaftstheoretischen Hintergrund) erfassen und untereinander vergleichbar machen. Diese Gütekriterien dienen als Prüfsteine einer beliebigen angewandten Datenerhebungsmethode, an denen der Grad der Wissenschaftlichkeit dieser Methode gemessen werden kann." (Ehrsam 2011, S. 11)

Als klassische Gütekriterien der Wissenschaft lassen sich folgende Kriterien nennen (vgl. Brandenburg/Dorschner 2003, S. 25):

Objektivität/Transsubjektivität: „Die Objektivität gibt Auskunft über die Stärke der Unabhängigkeit des Messergebnisses von der testenden Person." (Ehrsam 2011, S. 12) Dies bedeutet, dass die Anlage, Durchführung und die Auswertung einer Studie möglichst unabhängig von der Person des Forschers sein soll. Des Weiteren sollen die Ergebnisse der Forschung objektiv und ohne Interpretation sein (vgl. Brandenburg/Dorschner 2003, S. 25).

Gültigkeit (Validität): „Die Gültigkeit einer Messung gibt den Grad der Genauigkeit an, mit dem ein Test inhaltlich das misst, was er messen soll." (Ehrsam 2011, S. 12) Nach Ehrsam „kann die Stärke der Validität in den Bereichen inhaltliche Validität, Konstruktvalidität und Kriteriumsvalidität gemessen werden" (2011, S. 13). Dies bedeutet, dass überprüft wird, ob die Ergebnisse einer Studie mit der Fragestellung der Studie übereinstimmen und ob die gewählten Methoden und Instrumente (z. B. Fragebogen) das messen, was sie messen sollen (vgl. Brandenburg/Dorschner 2003, S. 25ff.).

Allgemeingültigkeit: Beziehen sich die Ergebnisse einer Studie nur auf einen Teil eines größeren Bereiches oder können sie im Allgemeinen auf bestimmte Gruppen oder Gegenstandsbereiche übertragen werden? Beispielsweise sind die Ergebnisse einer Befragung über den Einfluss des Migrantenstatus (mit einer bestimmten Nationalität) übertragbar auf alle Migranten (vgl. Brandenburg/Dorschner 2003, S. 25)?

Zuverlässigkeit (Reliabilität): „Die Reliabilität gibt den Grad der Genauigkeit an, mit der eine Eigenschaft, ein Merkmal usw. gemessen wird." (Ehrsam 2011, S. 12) Dies bedeutet, dass es anderen Wissenschaftlern möglich sein muss, Forschungsergebnisse reproduzieren zu können, wenn sie dasselbe Erhebungsinstrument (z. B. Interviewleitfaden) beim gleichen Untersuchungsgegenstand (z.B. Gruppe der Befragten) und gleichen Rahmenbedingungen (Zeitpunkt, Zeitdauer, Örtlichkeit etc.) anwenden (vgl. Brandenburg/Dorschner 2003, S. 26).

Überprüfbarkeit und Nachvollziehbarkeit: Der Forscher bzw. Wissenschaftler muss den theoretischen Hintergrund seines Konzeptes verdeutlichen. Andere Forscher müssen verstehen, auf welchen Theorien, auf welchen Methoden und auf welchen Instrumenten die Erkenntnis beruht. Man muss nachvollziehen können, warum genau diese Methoden und Instrumente gewählt wurden und welche Vorteile sie gegenüber anderen Methoden bringen. Er muss erklären, warum manche Bereiche thematisiert werden und andere ausgelassen werden (vgl. Brandenburg/Dorschner 2003, S. 26).

Sprachlich verständliche Darstellung: Die wissenschaftlichen Ergebnisse sollen verständlich dargestellt werden (vgl. Brandenburg/Dorschner 2003, S. 25).

3. Fazit & Ausblick

Wie wir anfangs bereits festgestellt haben, ist die Frage nach der Definition für den Begriff „Wissenschaft", je nach erkenntnis- und wissenschaftstheoretischem Standpunkt, unterschiedlich. Man kann allerdings festhalten, dass die Wissenschaft einigen Grundsätzen und Gütekriterien unterliegt und das dies ist auch zwingend notwendig ist, um die Qualität von wissenschaftlichen Erkenntnissen zu wahren. Denn nur durch die Einhaltung dieser Bedingungen ist es gewährleistet, dass eine zufriedenstellende Sicherheit und Überprüfbarkeit der wissenschaftlichen Aussagen herrscht.

Des Weiteren müssen wir uns bewusst sein, dass wissenschaftliche Erkenntnisse, wie es auch der kritische Rationalismus behauptet, nicht „DIE" Wahrheit sind sondern nur Erkenntnisse, die bis zum aktuellen Zeitpunkt der Erkenntnis nicht widerlegt wurden, und dass sich Wissenschaftler bei ihren Untersuchungen oft an den Rand des aktuellen Wissens der Menschheit begeben und somit häufig zu Erkenntnissen gelangen, die im späteren Verlauf revidiert oder teilweise revidiert werden müssen.

Daher denken wir, dass man auch wissenschaftlichen Erkenntnissen kritisch gegenüberstehen, diesen nicht blind vertrauen und, wenn möglich, diese überprüfen sollte. Denn wie schon Albert sagte: „Alle Sicherheiten in der Erkenntnis sind selbstfabriziert und damit für die Erfassung der Wirklichkeit wertlos." (1991, S. 36)

Das bedeutet für uns, dass wir in unserem Weltbild nicht verschlossen sein sollten und uns gegenüber neuen Ansichten und Erkenntnissen offen zeigen, denn es kann niemand mit hundertprozentiger Sicherheit garantieren, dass eine wissenschaftliche Erkenntnis ontologisch wahr ist.

Ein weiterer Punkt, der in der Zukunft eine immer größere Rolle spielen könnte, ist der herrschende Publikationsdruck und die daraus resultierende rapide Zunahme von Wissenschaftsliteratur, der niemand mehr gewachsen ist. Dies birgt in unseren Augen erhebliche Gefahren für die Qualität der Wissenschaften, weil die Überprüfung von Forschungsergebnissen nur noch stichpunktartig zu bewältigen ist.

Wir können also gespannt sein, auf welche Reise sich die Wissenschaft begibt und hoffen, dass Fehler aus der Vergangenheit nicht wiederholt werden, und der Wissenschaft immer möglichst große Autonomie und Handlungsfreiheit gewährleistet werden.

IV. Literaturverzeichnis

Albert, H. (1991): Traktat über kritische Vernunft. 5. Aufl., Stuttgart: UTB.

Alemann, U. von/Forndran, E. (2002): Methodik der Politikwissenschaft. Eine Einführung und Arbeitstechniken und Forschungspraxis. 6. Aufl., Stuttgart: Kohlhammer.

Bardmann, T. M. (2015): Die Kunst des Unterscheidens. Eine Einführung ins wissenschaftliche Denken und Arbeiten für soziale Berufe. 1. Aufl., Wiesbaden: Springer VS.

Brandenburg, H./Dorschner, S. (2003): Pflegewissenschaft 1. Lehr- und Arbeitsbuch zur Einführung in die Pflegewissenschaft. 2. Aufl., Bern: Hans Huber.

Detel, W. (2007): Grundkurs Philosophie. Band 4: Erkenntnis- und Wissenschaftstheorie. 3. vollständig durchgesehene und erweiterte Auflage 2014. Aufl., Ditzingen: Philipp Reclam jun.

Ehrsam, M. (2011): Theoretische Grundlagen und Methoden der Datenerhebung. Analyse im Kulturmarketing. 2. Aufl., Brandenburg: Agentur für wissenschaftliche Weiterbildung und Wissenstransfer e.V. an der Technischen Hochschule Brandenburg.

Möller, P. (o. J.): Wissenschaft. Wissenschaft kurz und knapp. Online unter: http://www.philolex.de/wissensc.htm [Stand: 11.05.2018].

Patzelt, W. J. (1993): Einführung in die Politikwissenschaft. Grundriß des Faches und studiumbegleitende Orientierung. ergänzte 2. Aufl., Passau: Wissenschaftsverlag Richard Rothe.

Schätzing, F. (2006): Nachrichten aus einem unbekannten Universum. Eine Zeitreise durch die Meere. 1. Aufl., Köln: Kiepenheuer & Witsch.

Schreyer, B./Schwarzmeier, M. (2000): Grundkurs Politikwissenschaft: Studium der Politischen Systeme. Eine studienorientierte Einführung. 1. Aufl., Wiesbaden: Springer Fachmedien.

Seiffert, H./Radnitzky, G. (1989): Handlexikon der Wissenschaftstheorie. 1. Aufl., München: Ehrenwirth Verlag.

Speck, J. (1980): Handbuch wissenschaftstheoretischer Begriffe. Band 1. 1. Aufl., Göttingen: Vandenhoeck & Ruprecht.

BEI GRIN MACHT SICH IHR WISSEN BEZAHLT

- Wir veröffentlichen Ihre Hausarbeit, Bachelor- und Masterarbeit

- Ihr eigenes eBook und Buch - weltweit in allen wichtigen Shops

- Verdienen Sie an jedem Verkauf

Jetzt bei www.GRIN.com hochladen und kostenlos publizieren